AF340539

DISCOURS

PRONONCÉ

Le dix Prairial, an VII,

A LA FÊTE

DE LA RECONNOISSANCE

PAR

LE C.^{en} F. V. MULOT,

ancien Membre de l'Assemblée législative, Prof.
de belles Lettres, Membre du Lycée des Arts,
et de la Société libre des Sciences, Lettres
et Arts de Paris.

MAYENCE,

chez ANDRÉ CRASS, Imprimeur du Département.

Etenim judices cum omnibus virtutibus me affectum esse cupiam, tum nihil est quod malim, quam me et gratum esse et videri. Hæc est una virtus, non solum maxima, sed etiam mater virtutum reliquarum. Quid est pietas nisi voluntas grata in parentes. Qui sunt boni cives, qui bello, qui domi, qui de patria bene merentes, nisi qui patriæ beneficia meminerint? Qui sancti, qui religionem colentes, nisi qui meritam diis immortalibus gratiam, justis honoribus, memori mente persolvunt? Quæ potest esse jucunditas vitæ sublatis amicitiis? Quæ porro amicitia esse potest inter ingratos? Quis est nostrum liberaliter educatus, cui non educatores, cui non magistri sui atque doctores, cui non locus ille mutus, ubi ipse alitus atque doctus est, cum grata recordatione in mente versetur? Cujus opes aut tantæ esse possunt aut unquam fuerunt, quæ sine multorum amicorum officiis stare possint? Quæ certe sublata memoria et gratia nullæ extare possunt. Equidem nil tam proprium hominis existimo, quam non modo beneficio, sed etiam benevolentiæ significatione alligari. Nihil porro tam inhumanum, tam immane, tam ferum, quam committere, ut beneficio non dicatur indignus, sed victus esse videatur. Cicero in oratione pro Plancio.

DISCOURS

pour la Fête de la Reconnoissance.

L es Républiques ne peuvent subsister que par la pratique des vertus sociales, et, parmi ces dernières il n'en est pas, sans doute, qui soit plus essentielle que la reconnoissance. Récompense bien douce de l'homme bienfaisant, elle l'unit à celui qu'il oblige ; elle alimente la source des bienfaits que tariroit l'ingratitude, et rend plus actif le commerce réciproque qui rapproche entre eux les hommes dont les besoins appellent sans cesse les mutuels secours. Oh ! Qu'il seroit malheureux celui qui ne connoîtroit pas la reconnoissance ! incapable d'apprécier il seroit indigne de recevoir le moindre bienfait. Qu'il seroit méprisable celui qui, la connoissant cette vertu, ne la cultiveroit pas ! Certes ! on pourroit le dire avec Sophocle, celui là ne peut être que vil qui recevant un bienfait ne veut pas le reconnoître. Il seroit plus, il seroit l'ennemi de la patrie, puisqu'il en romproit les liens sociaux ; Il seroit l'ennemi de la nature, puisqu'elle nous crie au fond du coeur, rends un service égal à celui qui t'est rendu.

Eh! Qui de nous n'est pas environné d'assez de bienfaits pour ne pas se sentir pressé du besoin de la reconnoissance?

Être suprême, Auteur et modérateur universel de la nature! ne te devons nous pas et l'existence et la conservation? Si nous n'avons pas à nous enorgueillir que tu aies fait tout exprès pour nous tout ce qui peuple et embellit l'Univers, n'avons nous pas à te remercier de nous en avoir accordé l'usage? Qu'il abaisse l'homme celui qui veut qu'indifférente à ce qui se passe dans ce monde, la divinité ne s'occupe plus de l'ouvrage que ses mains ont fait! Je sens, à mon ame que cette idée aggrandit, je sens au noble orgueil qui m'anime, que formé par ses soins, ou par l'effet puissant de sa volonté productrice, tant que par des vertus je veux rester digne de ses regards, je suis l'objet chéri de ses complaisances; et le sort qu'obtient trop ordinairement ici bas l'homme vertueux me convainc qu'il m'en réserve un plus digne de moi, dans un avenir que je ne connois pas, mais qui ne sauroit échapper à la justice d'un Dieu qui est la justice par essence.

Que ne devons nous pas de même à ces mortels vénérables qui nous ont donné le jour? A cette femme qui, bravant tous les dangers pour procurer à celui qu'elle aime le gage de son amour, pour le reproduire et prolonger ainsi la chaîne des humains, s'est exposée à tous les périls de la maternité; qui, sans faire attention à cette multitude de privations suite nécessaire des soins qu'elle prenoit de nous, a voulu que son lait nous nourrît, tandis que ses mains nous caressoient, et qui se croyoit payée de toutes ses peines par un souris innocent qu'elle regardoit, en mère, comme le souris de la reconnoissance. Ce père qui, des mains de son épouse, nous prenoit entre ses bras, puis nous pressoit contre son sein, puis nous agitoit mollement sur ses genoux, pour ajouter les premiers plaisirs aux premiers soins de cette mère tendre; ce père qui, de concert avec elle, nous inspira nos premiers devoirs et nos premières obligations, ce père là ne mérite-t-il pas aussi toute notre gratitude? Envain, dans des écrits paradoxaux, des savans à qui leurs lumières n'auroient pas du permettre cette erreur, ont ils osé, dégradant l'espèce humaine, n'attribuer la propagation des humains qu'à l'instinct machinal de la nature, au désir de satisfaire une passion brutale ; Non : si, comme vous l'a dernièrement exprimé si bien , dans un discours profondément pensé et rempli de toutes les graces de la diction , l'un de mes collègues , l'instinct nous porte au rapprochement des sexes, la femme purifie ce premier mouvement par l'amour et l'homme par la raison, et le mélange de la raison et de l'amour donne aux jouissances de l'hymen un but qui nous distingue de tous les autres animaux et nous élève au-dessus des brutes.

Au sortir des mains de nos parens , il est une classe de parens adoptifs qui ont des droits à notre reconnoissance , ce sont eux qui ont completté l'instruction qu'avoient commencée nos pères. O classe respectable des instituteurs! vos élèves ne seront pas indifférens à cette solemnité : les pères donnent la vie ; mais vos leçons seules peuvent la rendre agréable et heureuse !

Si je viens maintenant à me détourner de ces bienfaits que je puis nommer domestiques, combien, de tous côtés, mes yeux n'en rencontrent-ils pas d'autres dont nos cœurs doivent sentir tout le prix et les payer par la reconnoissance?

Qui pourroit oublier les services importans rendus à la patrie par ces citoyens courageux autant qu'éclairés qui, prononçant au nom du peuple l'arrêt de la destruction du trône, nous ont à jamais assuré la liberté que nos efforts venoient de conquérir; qui par leurs veilles et leurs travaux ont concouru à cette constitution consolante basée sur les droits de l'homme et les lois de la nature; qui enfin, dans les temps les plus orageux de notre étonnante révolution, ont sauvé du naufrage le vaisseau de la République. Leurs noms, inscrits par le burin du temps sur les tables immortelles de l'histoire, se trouveront placés près de ceux de ces législateurs antiques qui ont fait l'objet de l'admiration et de la gratitude de leurs contemporains, et s'attireront celle de tous les âges.

Près des législateurs, sur la liste des bienfaiteurs de la patrie pourrions nous ne pas placer ces hommes qui, avec dévouement, ont accepté le fardeau du Gouvernement, et d'une main ferme, en tenant les rênes, ont déjoué par la prudence, ou détruit par la vigueur tous les projets de nos plus cruels et de nos plus dangereux ennemis, les agens du royalisme et de l'anarchie.

Ah! ce seroit envain que l'on pourroit regarder leur élévation passagère comme le fruit d'une intrigue que n'auroit pas conseillée l'amour du bien général, et qui nous dispenseroit de la reconnoissance. Ne savons nous pas, an contraire, que c'est la reconnoissance du corps législatif qui leur a confié cette pénible dignité, comme une preuve de la confiance qu'avoient inspirée les services qu'ils avoient rendus à la chose publique ? N'est ce pas, sur les aîles de la reconnoissance, que doit arriver au siège directorial ce Ministre penseur, philosophe d'état, négociateur habile, digne de la cour où il a été envoyé, où il a sçu ne pas démentir la réputation qui l'y avoit dévancé, et où nous nous appercevons qu'il n'a pas résidé inutilement? L'envie, la calomnieuse envie ne pourra pas accuser d'ambition celui qui, sans dédain, comme sans foiblesse, mais ne croyant pas encore avoir assez fait pour la République naissante, a modestement, une fois, refusé ces honneurs.

Ces Ministres, choisis par le Gouvernement, qui partagent, entre-eux, l'Administration générale : ces autres Administrateurs, élus par le peuple, qui, dans chaque Département, par leurs soins particuliers, par leurs travaux pénibles, font, à l'aide de leur Administration partielle, marcher, avec ensemble, celle que les premiers dirigent ; ces juges qui, dociles à la voix de la patrie, se consacrent dans les tribunaux à la discussion de nos intérêts, à la conciliation de nos querelles, à la punition des crimes qui peuvent troubler l'harmonie sociale : tous ces hommes ne doivent-ils pas exciter dans nos cœurs le doux sentiment de la reconnoissance? et ne devons nous pas nous estimer heureux, que la loi nous ait assigné un jour où nous pussions, en célébrant cette vertu, leur témoigner qu'ils en sont l'objet.

Et vous aussi, vous surtout Armées de la République, généraux et soldats de la patrie! vous devez, dans cette même fête recevoir nos actions de graces. Qui, plus que vous mérite notre reconnoissance? Formés dabord presque aussi miraculeusement que les troupes de Cadmus, vous avez chassé de notre territoire les esclaves des rois qui avoient osé profaner le sol de la liberté ; vous vous êtes avancés sur leur terres, et vous avez délivré du joug de la tyrannie tous les peuples qui vous ont tendu les bras; vos triomphes sont écrits sur les débris des trônes des tyrans que vous avez punis; vos victoires ont étonné le monde, comme elles étonneront la postérité. Vos exploits répétés par les échos des Appennins, des Alpes, des Pyrénées, dans l'Egypte comme dans l'Allemagne et l'Italie, sont racontés à nos enfans pour qu'à votre retour dans nos foyers, à la paix générale, vous trouviez autant de cœurs reconnoissants que l'hymen a pu donner de membres à la société. A la paix! qu'ai-je dit? Ah! les anges de la paix ont été immolés: ils l'ont été lorsque présentant le rameau de l'olivier ils venoient la donner à l'Europe entière. Un cabinet assassin a commandé cette espèce de déicide, car ce sont des divinités que les Ministres de la paix, l'Autriche l'a ordonné, l'Autriche l'a consommé: il est consigné dans la réponse du barbare commandant des sacriléges hussards qui lui ont obéi; il est consigné dans la lettre incroyablement froide de ce général que nous aimions à croire le digne rival de nos héros: ils est prouvé dans cet acte impérissable, que le Ministre de Prusse a fait dresser, et qu'ont signé avec indignation presque tous les députés de l'Empire, qui n'ont été épargnés que parcequ'on avoit le coupable espoir de les intimider par ce forfait, et de les détacher de la cause de la paix.

Mânes de ROBERJOT, Mânes de BONNIER, recevez l'hommage de notre reconnoissance, et toi JEAN DEBRY qu'un miracle a fait résusciter du sein des morts, reçois en aussi le témoignage brulant: votre sang a coulé pour la patrie, pour la liberté, pour la paix du genre humain, votre souvenir est a jamais gravé dans les cœurs reconnoissans! Déjà nos soldats dont les pas rétrogrades avoient non terni la gloire, mais enhardi un ennemi assez lâche pour n'oser approcher que centuplé, nos soldats, ont doublé de courage: notre jeunesse a volé les seconder en affrontant des périls, nouveaux pour elle, mais auxquels elle sembloit aguerrie par la présence et l'exemple de nos véterans; nos armées ont arraché à la victoire de nouvelles faveurs. Aux bords du Rhin l'insolence des paysans, ameutés et armés par leurs barons, a été punie: leur répaire a été brulé, et si la flamme n'a pas atteint deux autres villages, c'est à l'humanité seule des vainqueurs qu'ils le doivent. En Italie les Russes ont éprouvé ce que peut la valeur du François outragé, le choc des armes a fait partir l'étincelle qui a fondu leurs phalanges hyperborées; la terre d'Alexandrie et de Tortone a bu leur sang; Milan est délivré de leur présence et les flots du Pô et du Tanaro ont roulé leurs cadavres. La vengeance a com=

mencé , puisse-t-elle ne s'appaiser qu'après l'anéantissement du monarque assassin qui l'a provoquée! Pour nous que l'âge et nos fonctions éloignent des combats, Mânes chéries de nos plénipotentiaires! nous vous éléverons des monumens; nous vous consacrerons des fêtes funèbres; nous graverons vos noms sur le marbre et sur l'airain et notre reconnoissance nous la communiquerons d'âge en âge à nos derniers neveux.

Combien ne pourrois-je pas vous rappeller ici d'objets précieux qui doivent exciter en nous cette vertu? Les veilles et les succès de savans; les découvertes utiles des inventeurs des arts; les travaux de toutes les classes de la société qui concourent au bonheur général; tout enfin autour de nous appelle et commande la reconnoissance.

Une chose cependant me frappe et m'attriste, cette fête à laquelle il n'est personne qui ne doive participer, cette fête que les habitans de ces contrées ont tant de motifs pour célébrer avec les Français, pourquoi n'a-t-elle pas réuni dans ce temple tous les hommes sensibles, tous les habitans de ce canton? je ne leur ferai pas l'injure de croire qu'ils l'aient regardée comme indifférente, qu'ils aient oublié que quelque glorieux qu'ait été leur élan vers la liberté, quelques puissans qu'ayent été leurs efforts pour la conquérir, ils n'en doivent la possession qu'à la protection de nos armées victorieuses; que c'est aux bienfaits de notre Gouvernement qu'ils sont redevables de la promulgation des lois simples qui les régissent, et de leur organisation nouvelle; que c'est par les soins et la prudence des deux envoyés successifs de ce même Gouvernement, dont les talens, quoique divers, concourent pourtant au même but à leur bonheur, qu'ils ont été préservés des secousses et des déchiremens, suite trop ordinaire des révolutions politiques; non, je le repète, je ne leur ferai pas l'injure de leur croire de l'ingratitude. Ce crime helas! trop commun, ce crime n'est pas dans leur cœur. Ah! j'aime mieux accuser le fanatisme de l'éloignement de cette fête. Le fanatisme toujours ombrageux et actif, sentant que nos solemnités, plus rapprochées de la raison et de la nature, pourront un jour détourner de ses fêtes, cherche à les anéantir en en éloignant ses suppots crédules. Faut-il donc que l'on suive encore aveuglément ses conseils perfides et criminels! la raison ne disoit-elle pas que, pour rendre hommage à une

vertu sociale, c'étoit dans le seul temple où tous les hommes qui forment la société peuvent se réunir, quelque soit leur croyance religieuse, que cette vertu devoit se célébrer? Auroit-on osé dire ou que la reconnoissance n'étoit pas une vertu, ou qu'elle n'étoit pas obligatoire pour vous. Anathème social à quiconque auroit tenu ce langage. La reconnoissance ne seroit pas une vertu? la reconnoissance que le plus célèbre orateur de Rome représentoit au sénat assemblé comme la mère de toutes les autres. ,, Oui, disoit Cicéron,
,, je désire assurément réunir en mon cœur
,, toutes les vertus; mais il n'est rien qui me
,, flatte d'avantage que d'être et de paroître
,, reconnoissant. La reconnoissance est la vertu
,, première, elle est la source de toutes les
,, autres. Qu'est-ce, en effet, que la piété
,, filiale, sinon la gratitude volontaire envers
,, les parens? Quels sont les bons citoyens qui
,, dans les cités comme dans les camps, méri-
,, tent bien de la patrie, sinon ceux qui con-
,, servent la mémoire des bienfaits de cette
,, mère commune? Quels sont les hommes vrai-
,, ment religieux, vraiment saints si ce n'est
,, ceux qui, dans leur solemnités, rendent gra-
,, ces aux Dieux immortels de leurs bienfaits?

„ Quel peut être l'agrément de la vie, sans
„ l'amitié, et quelle amitié pourroit exister
„ parmi des ingrats? Qui de nous, dont l'édu-
„ cation fut tant soit peu soignée, ne chérit
„ pas ses instituteurs et ses maîtres, et pour
„ qui soit muet et sans souvenir le lieu où
„ il a été nourri et celui où ses premières
„ leçons lui ont été données? Qui est assez
„ riche, assez puissant, pour n'avoir pas à
„ chaque instant besoin d'amis et de leurs
„ secours? Et ces secours pourroient-ils sub-
„ sister sans la reconnoissance? Non : je ne
„ trouve rien de plus digne de l'homme que
„ de resserrer les liens de la société par les
„ bienfaits et la reconnoissance; et rien ne
„ m'a paru plus indigne de lui, plus con-
„ traire à la nature que de s'exposer à passer
„ pour indigne d'un bienfait ou vaincu par
„ un bienfait. „ Ah! Cicéron en prononçant
cette éloquente harangue, si remarquable par
la justesse et la vérité des pensées, eut pu placer l'homme ingrat au-dessous de la brute;
il eut pu lui opposer l'exemple de ce lion
qui défendit contre des meurtriers le jeune
homme qui l'avoit précédemment délivré
d'une épine qui le blessoit; il eut pu lui citer
ces chiens fidèles qui expirent sur le tom-

beau de leurs maîtres; il eut pu rappeller
ces traits ingénieux qu'Ésope et Phèdre ont
consignés dans les fables de la fourmi et de
la colombe, du lion et du rat; Mais il parloit
à des hommes pénétrés de la nécessité de la
reconnoissance. Citoyens, ô vous, qui en êtes
convaincus de même, vous qui avez méprisé la
voix insidieuse du fanatisme pour n'écouter que
celle de votre cœur, Républicains Mayençois
qui vous êtes unis à nous pour solemniser la
reconnoissance; dites, en rentrant dans vos
maisons, dites à tous ceux que vous rencon-
trerez, de combien de douceurs ils ont privé
leur ame, qui, sous les yeux de l'être suprême,
se seroit épanouie dans le sein amical de la
reconnoissance mutuelle. Faites leur sentir
leur erreur: sachez les vaincre par vos raisons,
comme vous pouvez les avoir émus par votre
exemple. Que, dès ce moment, ils aspirent à
vous accompagner dans nos solemnités! et
que tous les ans la fête de la reconnoissance
devienne plus éclatante et plus belle par le
concours simultané de tous les habitans de
ce canton!

F. V. MULOT.

9 782013 370646